Inhalt

60-Tonnen-Lkws

Kernthesen

Beitrag

Fallbeispiele

Weiterführende Literatur

Impressum

60-Tonnen-Lkws

I.Zeilhofer-Ficker

Kernthesen

- Das prognostizierte drastisch steigende Güterverkehrsaufkommen in den nächsten Jahren verlangt nach innovativen Ideen zur Bewältigung.
- Der Bundesverband Groß- und Außenhandel (BGA) fordert deshalb die Zulassung von LKWs mit einem Gesamtgewicht von 60 Tonnen in Deutschland.
- In Skandinavien sind solche Fahrzeuge bereits im Einsatz und auch in den Niederlanden wurde ein Großversuch gestartet.
- Vom Einsatz der 60-Tonner erwartet man sich einen niedrigeren Spritverbrauch pro Tonnenkilometer, sowie einen geringeren

Straßen- und Personalbedarf pro Tonne befördertes Gut.
- Dagegen spricht vor allem der Zustand von Autobahnen und Brücken in Deutschland, die der höheren Gewichtsbelastung nicht unbedingt standhalten können.

Beitrag

Steigendes Güterverkehrsaufkommen

Wissenschaftler prognostizieren einen Anstieg des Güterverkehrsaufkommens bis zum Jahr 2015 um 64 Prozent im Vergleich zu 1997 für Deutschland. Umgerechnet heißt das, es müssen 2,5 Milliarden Tonnen mehr Güter transportiert werden als heute. (1)

Werden diese 2,5 Milliarden Tonnen an Gütern mit den heute zugelassenen Verkehrsmitteln auf der bestehenden Infrastruktur bewegt, heißt das unweigerlich, dass die Staus auf bundesdeutschen Autobahnen noch mehr anwachsen und noch mehr LKWs die Autobahnen und Straßen verstopfen werden. Denn die Politiker des

Bundesverkehrsministeriums sind bisher brauchbare Lösungsvorschläge schuldig geblieben. Für den weiteren notwendigen Ausbau der Infrastruktur fehlen die Finanzmittel. Man verweist auf die Bahn und die Binnenschifffahrt, und übersieht dabei, dass selbst bei einer Verdoppelung der heutigen Bahn- und Schiffskapazitäten nur etwa ein Fünftel der zusätzlichen Tonnage befördert werden kann. (1), (2)

Ob Bahn- und Schiffsverkehr die dazu nötigen Investitionen tätigen werden und können, bleibt dahingestellt. Doch selbst im günstigsten Fall bleiben für die Straße immer noch 2 Milliarden Tonnen übrig, die irgendwie bewältigt werden müssen. (1)

Schon jetzt belaufen sich die volkswirtschaftlichen Kosten durch Staus auf jährlich rund 100 Milliarden Euro. Grund genug für den Bundesverband Groß- und Außenhandel Vorschläge und Maßnahmen einzufordern. Einer dieser Vorschläge ist die Forderung nach der Zulassung von Lastkraftwagen mit einem Gesamtgewicht von 60 Tonnen. (1), (2), (3), (4)

Pro und Kontra 60-Tonner

Was spricht dafür

In Schweden und Finnland rollen die sogenannten Roadtrains oder auch Öko-Kombis, die bis zu 25,25 m lang und bis zu 60 Tonnen schwer sein dürfen, schon seit einiger Zeit. Und in Dänemark, Norwegen und den Niederlanden laufen Praxistests mit den Schwergewichten. Die Ergebnisse daraus sind durchwegs positiv. (5), (6)

Die Vorteile liegen auf der Hand. Da das Gewicht der Zugmaschine gleich bleibt, kann jeder Lastzug seine Beförderungskapazität wesentlich erhöhen. Statt 26 Tonnen können 40 Tonnen an Ladung transportiert werden, die Trucks haben Platz für 52 Euro-Paletten statt 34 und das Ladevolumen steigt auf bis zu 150 statt 100 Kubikmeter. Da jede Zugmaschine mehr Fracht befördert, lässt sich der Kraftstoffverbrauch um 10 bis 20 % pro Tonnenkilometer senken, wodurch sich auch die Emissionen verringern. (5), (7)

Trotz der fast eineinhalbfachen Fracht pro Zug braucht man nur einen Fahrer, was die Personalkosten im Rahmen hält. Groß-Lkws für Fernstrecken würden gut mit den Groß-Lagern und Verteilzentren harmonieren, die verkehrsgünstig nähe der Autobahnen an der Peripherie von Großstädten anzutreffen sind. Letztlich ist der Straßenbedarf im

Vergleich zum 40-Tonner geringer, wodurch die Staugefahr durch zu viele Brummis verringert werden könnte. (7), (8), (9)

Was spricht dagegen

Als wichtigstes Argument gegen die Zulassung der 60-Tonner wird der Zustand der deutschen Straßen und vor allem der Brücken angeführt. Mehr als die Hälfte aller rund 37 000 Brücken muss in den nächsten Jahren saniert werden, um weiterhin dem Verkehr mit 40-Tonnen-Lastern standzuhalten. Dadurch steigen mittelfristig die jährlichen Instandhaltungskosten von 250 Millionen auf 400 Millionen Euro. Weitere Stabilisierungs- und Verstärkungsmaßnahmen für die Bewältigung der 60-Tonnen-LKWs würden weitere sieben bis zwölf Milliarden Euro verschlingen. Geld, das nicht zur Verfügung steht. (2), (10)

Die Fahrzeughersteller sehen in der Gewichtsbelastung der bestehenden Brücken allerdings kein Problem. Da ein 60-Tonnen-LKW die Ladung auf acht Achsen verteilt, ergäben sich sogar geringere Belastungen pro Straßenmeter als bei 40-Tonnen-Lkws, die ihr Ladungsgewicht nur auf fünf Achsen verteilen können. (1), (11)

Umstritten sind die Straßenriesen auch im Transportgewerbe. Trends weisen darauf hin, dass die Spediteurskunden immer kleinere Losgrößen vergeben. Für diese Verkehre eignen sich die 60-Tonner nicht. Auch im Stadt- und Anlieferverkehr können sie nicht sinnvoll eingesetzt werden. Es bleiben also die großvolumigen Langstreckenverkehre. Doch auch dafür wäre es notwendig, an den Autobahnen Abkopplungsplätze zu errichten, damit die Ladung entsprechend der Zielvorgabe verteilt werden kann. (2), (5)

Sollten die 60-Tonner in Deutschland zugelassen werden, müssten die deutschen Transporteure erst einmal riesige Investitionen in die Anschaffung der schweren Fahrzeugkombinationen tätigen. Holländische und skandinavische Unternehmen, die diese Trucks bereits einsetzen, hätten hier einen enormen Kostenvorteil. Weiterer Preis- und Konkurrenzdruck auf die bereits angeschlagene Branche wäre zu erwarten. (12)

Schließlich ist es schwer abzuschätzen, wie unfallträchtig die langen Gefährte sein werden. Die Hersteller sind überzeugt, dass durch zusätzliche Sicherheitsausstattung wie elektronische und Notbremssysteme sowie Spur- und Abstandsassistenten das Risiko minimiert werden kann. Für den holländischen Versuch mussten die Fahrer trotzdem ein zusätzliches eintägiges Fahrtraining absolvieren, bevor sie mit ihrem Giganten auf die Straße durften. (5), (6)

Technische Grundlagen

In Deutschland sind bisher nur Lastkraftwagen zugelassen, die nicht mehr als 40 Tonnen Gesamtgewicht auf die Wage bringen und nicht länger als 18,85 m sind. Als Ausnahme davon dürfen Lkws mit 44 Tonnen Gesamtgewicht fahren, wenn sie die Fracht an Bahn oder Binnenschiff liefern. Demgegenüber würden die geforderten Roadtrains bis zu 60 Tonnen wiegen und bis zu 25,25 m lang sein. Technisch möglich und in Skandinavien und Holland unterwegs sind schon heute die verschiedensten Varianten vom Containertruck bis zum Spezialtransporter für Kühlgüter. (5), (6)

Zur Bewältigung des höheren Ladegewichts müssten die Megatrucks mit acht Achsen ausgestattet sein. Dadurch erreichen die 60-Tonner eine Achslast von nur 7,5 t im gegenüber acht Tonnen Achslast, die so mancher 40-Tonner auf die Straße bringt. Zusätzlich brauchen die Zugmaschinen natürlich etwas stärkere Motoren. (1)

Fallbeispiele

Holländischer Modellversuch

Mit umfangreichen Auflagen fand in den Niederlanden bereits im Jahr 2000 der erste Modellversuch mit den dort "Ökokombis" genannten 60-Tonnern statt. Die durchwegs positiven Erfahrungen damit setzten die Grundlage für den am 24. August 2004 eingeläuteten Großversuch mit diesen Fahrzeugen. Die Auflagen wurden drastisch verringert, sodass sich die erlaubten 100 Unternehmen schnell finden ließen. Der Versuch mit den bis zu 300 Fahrzeugen wird intensiv wissenschaftlich begleitet - besonders die Aspekte Umweltentlastung, Zuverlässigkeit und Verkehrssicherheit werden genauestens begutachtet. (6)

Fahrzeuge

Auf der IAA Nutzfahrzeuge in Hannover im September 2004 wurden bereits einige 60-Tonnen-LKWs präsentiert. Volvo vertreibt mit dem FH16 einen Truck mit 610 PS und 16 Liter Hubraum. Der Trailer-Lieferant Krone stellte den Giga-Liner vor. Auch MAN liefert bereits 60-Tonner nach Holland und Skandinavien. ((5), (7), (11)

Weiterführende Literatur

(1) O. V., Sind die Roadtrains wirklich Ent-Laster? DVZ Deutsche Verkehrszeitung, Nr. 095, 12.08.2004
aus Government Computing, Heft 08/2004, S. 19

(2) Uhlmann, Steffen, Handel fordert längere Lastwagen, Süddeutsche Zeitung, 06.08.2004, Ausgabe Deutschland, S. 21
aus Government Computing, Heft 08/2004, S. 19

(3) Großhändler werben für lange Lastwagen
aus Frankfurter Allgemeine Zeitung, 06.08.2004, Nr. 181, S. 12

(4) Handel will Zulassung von Riesenlastern
aus Hamburger Abendblatt, Jg. 57, 06.08.2004, Nr. 182, S. 21

(5) Mayer, Bettina, Verkehr - Kampf um Giganten, FOCUS, 20.09.2004, Ausgabe 39, S. 60 - 62
aus Hamburger Abendblatt, Jg. 57, 06.08.2004, Nr. 182,

S. 21

(6) Arndt, Eckhard-Herbert, Mehr Länge, mehr Ladung, mehr Umweltentlastung, DVZ Deutsche Verkehrszeitung, Nr. 106, 07.09.2004
aus Hamburger Abendblatt, Jg. 57, 06.08.2004, Nr. 182, S. 21

(7) O. V., Höhere Tonnagen, Süddeutsche Zeitung, 03.09.2004, Ausgabe Deutschland, S. 37
aus Hamburger Abendblatt, Jg. 57, 06.08.2004, Nr. 182, S. 21

(8) O. V., Gute Erfahrungen mit 60-Tonnern, DVZ Deutsche Verkehrszeitung, Nr. 102, 28.08.2004
aus Hamburger Abendblatt, Jg. 57, 06.08.2004, Nr. 182, S. 21

(9) Büschemann, Karl-Heinz, Das Zitat "Lkws über 40 Tonnen machen Straßen und Schienenverkehr kaputt.", Süddeutsche Zeitung, 21.09.2004, Ausgabe Deutschland, S. 23
aus Hamburger Abendblatt, Jg. 57, 06.08.2004, Nr. 182, S. 21

(10) O. V., Verband fordert, schwerere Lastwagen zuzulassen - Verkehrsministerium lehnt 60-Tonner ab, Stuttgarter Zeitung, 06.08.2004, S. 9
aus Hamburger Abendblatt, Jg. 57, 06.08.2004, Nr. 182, S. 21

(11) Büschemann, Karl-Heinz, "Der Aufschwung ist

stark", Süddeutsche Zeitung, 21.09.2004, Ausgabe Deutschland, S. 24
aus Hamburger Abendblatt, Jg. 57, 06.08.2004, Nr. 182, S. 21

(12) O. V., Kampf um Tonnen und Zentimeter entbrennt, DVZ Deutsche Verkehrszeitung, Nr. 083, 15.07.2004
aus Hamburger Abendblatt, Jg. 57, 06.08.2004, Nr. 182, S. 21

(13) O. V., Wenigstens mal zuhören, DVZ Deutsche Verkehrszeitung, Nr. 095, 12.08.2004
aus Hamburger Abendblatt, Jg. 57, 06.08.2004, Nr. 182, S. 21

(14) Den Schlaglöchern auf der Spur Ingenieure testen auf einer Modellautobahn, wie sich der Straßenbau verbessern lässt
aus Financial Times Deutschland vom 06.05.2004, Seite 28

Impressum

60-Tonnen-Lkws

Bibliografische Information der deutschen Nationalbibliothek

Die Deutsche Nationalbibliothek verzeichnet diese Publikation in der deutschen Nationalbibliografie; detaillierte bibliografische Daten sind im Internet über http://dnb.d-nb.de abrufbar.

ISBN: 978-3-7379-1039-2

© 2015 GBI-Genios Deutsche Wirtschaftsdatenbank GmbH, Freischützstraße 96, 81927 München, www.genios.de

Alle Rechte vorbehalten. Dieses Werk ist einschließlich aller seiner Teile – z.B. Texte, Tabellen und Grafiken - urheberrechtlich geschützt. Jede Verwertung außerhalb der Grenzen des Urheberrechtsgesetzes bedarf der vorherigen Zustimmung des Verlags. Dies gilt insbesondere auch für auszugsweise Nachdrucke, fotomechanische Vervielfältigungen (Fotokopie/Mikroskopie), Übersetzungen, Auswertungen durch Datenbanken oder ähnliche Einrichtungen und die Einspeicherung und Verarbeitung in elektronischen Systemen.